Shrek 2™

Le scénario du film

Adapté par
Tom Mason et Dan Danko
Illustrations de Koelsch Studios

Le Ballon

Il était une fois, au royaume d'Encore Plus Loin, un Roi et une Reine qui avaient eu le bonheur d'avoir une jolie petite fille. Hélas, chaque soir, lorsque le soleil se couchait, celle-ci se transformait en un bébé ogre beaucoup moins beau.
Alors, ils avaient fait ce que tous les parents feraient avec un enfant ogre: ils l'avaient enfermé dans la tour, en attendant le baiser d'un beau prince, Prince Charmant, en fait.
Cependant, quand Prince Charmant entre dans la plus haute pièce de la plus haute tour du château, il découvre que la Princesse Fiona est partie en voyage de noce avec quelqu'un d'autre. Du moins, c'est ce que lui dit le loup, qui attendait le Prince à la place de Fiona.

Shrek et Fiona reviennent de leur lune de miel dans le marais.
Mais, au lieu de trouver la paix et le calme, ils tombent sur l'Âne et un page royal. Ce dernier porte un rouleau de parchemin qu'il déroule et commence à lire.
« Très chère Fiona… Nous sommes ravis que tu aies trouvé ton 'Heureux Pour Toujours'. Nous te prions de nous rejoindre au château du Royaume d'Encore Plus Loin, où nous donnons un bal en l'honneur de tes noces. Nous sommes impatients de voir ton… Prince Charmant… ».
Shrek sourit et fait un petit geste du doigt.
« Prince Charmant? » s'étonne Shrek, en regardant Fiona.
« Un bal? » dit l'Âne. « J'adore faire la fête! »
« Nous n'irons pas! » s'écrie Shrek.
Mais un regard à Fiona lui suffit à réaliser qu'ils iront.

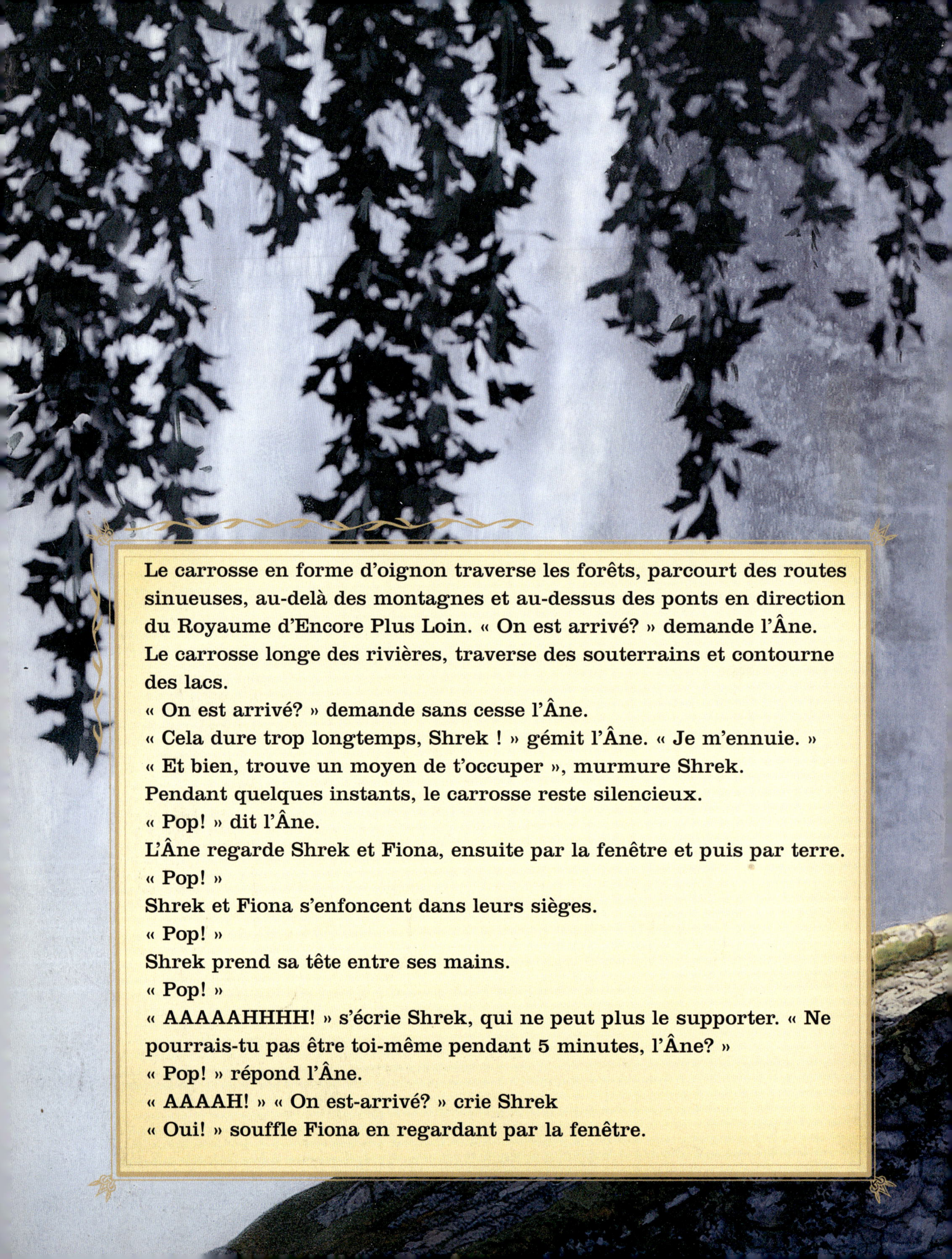

Le carrosse en forme d'oignon traverse les forêts, parcourt des routes sinueuses, au-delà des montagnes et au-dessus des ponts en direction du Royaume d'Encore Plus Loin. « On est arrivé? » demande l'Âne.
Le carrosse longe des rivières, traverse des souterrains et contourne des lacs.
« On est arrivé? » demande sans cesse l'Âne.
« Cela dure trop longtemps, Shrek ! » gémit l'Âne. « Je m'ennuie. »
« Et bien, trouve un moyen de t'occuper », murmure Shrek.
Pendant quelques instants, le carrosse reste silencieux.
« Pop! » dit l'Âne.
L'Âne regarde Shrek et Fiona, ensuite par la fenêtre et puis par terre.
« Pop! »
Shrek et Fiona s'enfoncent dans leurs sièges.
« Pop! »
Shrek prend sa tête entre ses mains.
« Pop! »
« AAAAAHHHH! » s'écrie Shrek, qui ne peut plus le supporter. « Ne pourrais-tu pas être toi-même pendant 5 minutes, l'Âne? »
« Pop! » répond l'Âne.
« AAAAH! » « On est-arrivé? » crie Shrek
« Oui! » souffle Fiona en regardant par la fenêtre.

JUST
MARRIED

Le Royaume d'Encore Plus Loin est magnifique. En fait, c'est le plus beau de tous les endroits, proches ou lointains. C'est là que les héros de contes de fées viennent vivre heureux très longtemps.
« Nous ne sommes vraiment plus dans le marais », commente Shrek, alors que le carrosse en forme d'oignon passe devant les charmantes échoppes, les superbes manoirs et les magnifiques habitants, avant de s'arrêter finalement devant le château du Roi et de la Reine.

De nombreuses personnes y sont rassemblées. Un long tapis rouge a été déroulé. Un laquais ouvre la porte du carrosse. De belles colombes blanches sont lâchées dans le ciel. Shrek descend du carrosse et la foule sursaute d'horreur. Les trompettes se taisent et la foule devient silencieuse.

L'Âne remonte dans le carrosse. « Pourquoi n'y allez-vous pas? Je vais garer la voiture. » Le carrosse s'éloigne silencieusement pendant que Shrek et Fiona se tiennent nerveusement sur le tapis rouge.

« Maintenant, allons à la maison avant qu'ils n'allument les torches », dit Shrek.

CRAAAC! Ce soir-là, Shrek jette un escargot dans sa bouche, mâchant la coquille bruyamment.

« Alors Fiona, parle-nous de ta nouvelle maison », dit enfin le Roi.

« Shrek possède sa propre terre, papa. »

« Oh, oui », dit Shrek. « C'est une forêt enchantée avec beaucoup de petits écureuils et de mignons petits canards… »

« Tu n'es quand même pas en train de parler du marais? » l'interrompt l'Âne.

« Un marais », dit le Roi. « Un ogre vivant dans un marais. Comme c'est original! »

Le Roi prend un homard qui se trouve près de lui et le met dans son assiette.

Je suppose que mes petits-enfants seront des… »
« Des ogres », dit Shrek, attrapant un cochon rôti.
« Il n'y pas de mal à ça », dit la Reine d'un ton persuasif. « N'est-ce pas, Harold? »
Le Roi décortique le homard. « Bien sûr que non… En supposant que vous ne mangiez pas vos petits. »
Fiona a l'air embarrassé. « Papa… »
Shrek s'empare d'une patte de cochon et mord dedans. « Non, nous enfermons habituellement nos enfants dans une tour. »
« Shrek! » s'écrie Fiona.
« J'ai fait ce qui était le mieux pour elle », dit le Roi.
« Arrêtez tous les deux! » crie Fiona en quittant précipitamment la table, tandis que le Roi et Shrek se lancent des regards furieux.

Fiona s'effondre contre la porte de sa vieille chambre à coucher. Une larme coule de son œil, roule sur sa joue.
Soudainement, Fiona entend la jolie musique d'une harpe. Une grande bulle flotte dans les airs et s'approche de Fiona... Il y a une femme à l'intérieur.
« Tes larmes m'ont émue. Je sais ce dont chaque Princesse a besoin pour vivre heureuse! » La dame chante tout en s'approchant de Fiona.

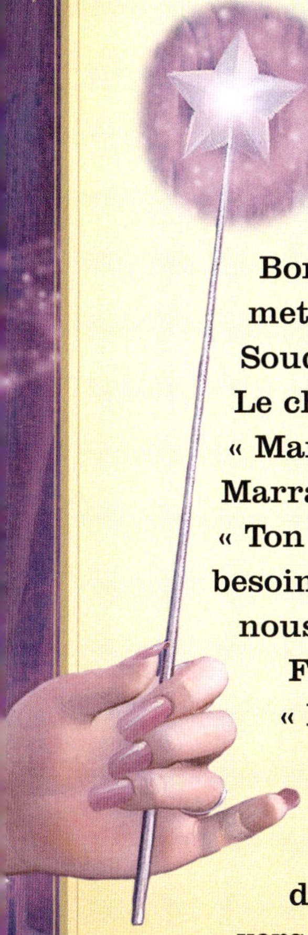

« Qui êtes-vous? » demande Fiona.
« Je suis Marraine La Bonne Fée » dit la dame.
«Fiona est très surprise. « J'ai une Marraine La Bonne Fée? »
« Tu es une princesse, n'est-ce pas? » dit Marraine La Bonne Fée.
« Ne t'inquiète pas. Je suis ici pour tout arranger. »
Et avant que Fiona puisse dire quelque chose, Marraine La Bonne Fée donne un coup de baguette magique et les meubles se mettent à danser et à chanter.
Soudain, Shrek entre. « FIONA! » s'exclame-t-il.
Le chant et la danse s'interrompent.
« Marraine La Bonne Fée, je vous présente mon époux... Shrek. »
Marraine La Bonne Fée ne peut pas en croire ses yeux.
« Ton époux?! Bon je pense que je vais y aller. Mais si jamais tu as besoin de moi... Le bonheur dépend presque toujours de nous-mêmes. » Elle veut donner sa carte de visite à Fiona, mais Shrek s'en empare.
« Merci », dit Shrek. « Mais nous avons tout le bonheur qu'il nous faut. »
Marraine La Bonne Fée remonte dans son carrosse et disparaît dans la nuit. Fiona se tourne alors vers Shrek. « Tu te comportes comme un ogre! »

Un peu plus tard dans la nuit, le Roi, Marraine La Bonne Fée et Prince Charmant sont assis dans le carrosse.
« Vous êtes bien installés? » demande Marraine La Bonne Fée. Elle veut savoir pourquoi Fiona a épousé un ogre, et non son fils, Prince Charmant. Le Roi tente d'expliquer que ce n'est pas de sa faute, mais Marraine La Bonne Fée ne l'écoute pas.
Après tout, dit-elle, Prince Charmant a fait tout ce qu'il fallait: affronter des tempêtes, traverser des déserts brûlants, grimper au sommet de la plus haute tour… Alors, qu'est ce qui ne va pas?
« Ce n'est pas ma de faute », se défend le Roi.
« Nous avions un accord, Harold, et vous ne me ferez pas revenir sur ma décision. »
« Non », dit le Roi, soudain très nerveux.
« Donc, Fiona et Charmant seront réunis? », demande Marraine La Bonne Fée tout en dépliant son châle renaissance.
« Oui, mais que puis-je faire? » demande le Roi.
« L'ogre est un obstacle, Harold. Faites-le disparaître! » lance Marraine La Bonne Fée avant de rejoindre son carrosse.

En bordure du royaume, il y a une taverne, appelée «La Pomme Empoisonnée ».

Déguisé, le Roi y entre. « Excusez-moi », dit-il au tenancier. « Il faut que je parle à quelqu'un », bégaye le Roi, « à propos d'un ogre. »

« J'ai votre homme », dit le tenancier en pointant du doigt une porte, au fond de la taverne.

« Bonjour...? » dit timidement le Roi, en marchant à travers une sombre pièce.

« Qui ose entrer dans ma chambre? »

« On m'a dit que je devais m'adresser à vous pour quelque chose concernant un... »

« Oui, un ogre », dit une voix. « Je m'en charge contre une forte somme d'argent. » Le Roi sort une lourde bourse et la jette sur la table. Des pièces d'or s'en échappent. « Marché conclu. Dites-moi où je peux trouver cet ogre », ronronne la mystérieuse voix.

my Diary

Shrek n'arrive pas à dormir. Il arpente la chambre de Fiona et ouvre son vieux coffre à tiroirs. A l'intérieur, il trouve son ancien journal. Il tourne les pages et commence à lire.
Il découvre ainsi ce que Fiona a écrit pendant son enfance. Que ses parents ne la laissaient jamais sortir le soir, qu'ils lui avaient raconté qu'elle allait devoir partir, à l'école pensait-elle. Mais Shrek sait qu'ils l'ont l'emmenée dans la tour dont il l'a délivrée. Le pire dans tout ça, c'est quand Fiona parle de son futur époux, Prince Charmant.
Shrek a beaucoup de peine.
Tout à coup, Shrek entend du bruit à l'extérieur: des pas. Quelqu'un frappe à la porte! Il referme bien vite le journal.
Fiona dort toujours quand Shrek ouvre la porte.
« J'espère que je ne dérange pas », dit le Roi, debout devant la porte.
« Euh, j'étais juste en train de lire un livre d'horreur », dit Shrek.
« J'espère que vous accepterez mes excuses pour mon comportement, tout à l'heure », commence le Roi. Il invite Shrek à une partie de chasse matinale.
Voyant que Shrek hésite, le Roi sort son joker.
« Je sais que cela représente beaucoup pour Fiona », dit-il.
Shrek regarde Fiona et accepte d'aller à la chasse.

Le lendemain matin, Shrek et l'Âne marchent dans les bois. Après quelques heures, Shrek doit se rendre à l'évidence: ils sont perdus.
« Nous ne pouvons pas être perdus, Shrek », dit l'Âne. « Nous avons suivi les instructions du Roi à la lettre. » « N'est-ce pas ici, la partie la plus sombre et la plus profonde des bois? » Shrek acquiesce. Les bois sont sombres et profonds.
« D'accord », admet l'Âne. « Nous sommes perdus. »
« C'est ce que je viens de dire. » « Et arrête de ronronner. »
« Je ne ronronne pas », dit l'Âne. « Les ânes ne ronronnent pas. »
« Qui va là? Arrière! » crie soudain une voix derrière eux.
Shrek et l'Âne se retournent et découvrent une créature ronronnante, portant des bottes en cuir, un chapeau de mousquetaire avec une plume et une épée.
« Oooh regarde, un petit chat ! » s'écrie Shrek.
« Attention Shrek, il est armé! » dit l'Âne qui regarde fixement l'épée du chat.
« YEE-OWWW! » crie Shrek. « Lâche ça, lâche ça! Méchant chaton! »
« Tiens bon, Shrek! J'arrive! » s'exclame l'Âne.
L'Âne donne une violente ruade, heurtant Shrek. Shrek se plie de douleur tandis que le chat saute en l'air et fait une pirouette avant de retomber dans ses bottes. Puis il remet son chapeau et grave un « C » avec son épée dans l'arbre le plus proche.
« Maintenant, l'ogre, implore la clémence du… Chat Potté! »

Le Chat se met à rire. Et puis à tousser. Tousser de plus en plus fort. Il lâche son épée et tombe à genoux sur le sol, s'étouffe, tente désespérément de reprendre son souffle. Alors même que cela ne semble jamais devoir s'arrêter, il crache une boule de poils.

« C'est dégoûtant », dit l'Âne.

Shrek attrape le chat sans défense par la peau du cou et le soulève au-dessus du sol.

« Que penses-tu que nous devrions faire avec lui, l'Âne? »

« No, por favor! Ne le prenez pas pour vous personnellement. Seulement le Roi m'offrait tellement d'or et j'ai beaucoup de petits frères et... »

« Quoi! Attends! » Shrek n'en revient pas. « Le père de Fiona t'a payé pour que tu te débarrasses de moi? »

« Sí », admet le chat.

Shrek fouille ses poches et en sort la carte de visite de Marraine La Bonne Fée. « Es-tu partant pour une petite expédition, l'Âne? » demande Shrek.

« D'accord », répond joyeusement l'Âne.

« Arrêtez! » crie le Chat. « Sur mon honneur, Moi, Le Chat Potté, suis obligé de vous accompagner pour sauver vos vies, comme vous avez épargné la mienne. »

L'Âne galope jusque chez le Chat.

« Désolé, la place d'animal parlant ennuyant est déjà prise. »

« Allons, l'Âne », dit Shrek. « Regarde-le, avec ses toutes petites bottes. Gardons-le avec nous. »

Shrek, l'Âne et le Chat Potté rendent visite à Marraine La Bonne Fée, mais celle-ci refuse de les aider. En fait, elle avait ri quand Shrek lui avait dit qu'il voulait devenir un très beau prince. Mais Shrek n'allait pas abandonner: il avait un plan.
« Mec, t'es sur que ça va marcher? » résonne la voix de l'Âne dans le hall.
« Chuut », chuchote Shrek alors qu'ils approchent de la salle des potions.
A l'intérieur de la pièce, les étagères s'élèvent du sol jusqu'au plafond, remplies de centaines de potions, de formules magiques et de mélanges secrets, tous dans des petits flacons.
« Un de ceux-là doit pouvoir nous aider », dit Shrek.
Shrek désigne une étagère au chat. Le Chat saute dessus et commence à examiner les flacons.
« Que penses-tu de 'Heureux Pour Toujours?' » demande le Chat. « Il est écrit: 'Beauté divine'. »
« C'est ça! »
Le Chat attrape le flacon de potion, mais celui-ci glisse de sa patte et tombe en direction du sol. L'Âne plonge et rattrape le flacon juste à temps avec sa bouche.
Aussitôt une alarme se déclenche, les lumières s'allument, une lourde porte de sécurité commence à se fermer et à bloquer la sortie et... l'Âne avale le flacon! Shrek attrape le Chat et l'Âne et tous trois se glissent en dessous de la porte, juste avant qu'elle ne se referme tout à fait.

Deux elfes armés se précipitent vers Shrek, leurs arcs à flèches prêts à tirer. Shrek attrape l'Âne et le Chat et fait la roue, tandis que les flèches volent un peu partout.

Mais ce faisant, il renverse un chaudron bouillonnant qui se trouvait à proximité. La potion bouillante se répand sur le sol de l'usine, éclabousse les gardes et les animaux de laboratoire dans leurs cages. Elfes et animaux se transforment soudain en colombes.

Pendant ce temps, Shrek saute et s'agrippe au crochet d'une poulie. Balançant ses jambes, il se projette avec l'Âne et le Chat à travers toute la salle. Lorsqu'il atteint la fin du câble, il le lâche et à ce moment, le flacon de potion sort de la bouche de l'Âne. Shrek l'attrape au vol et ils s'enfuient à travers la forêt.

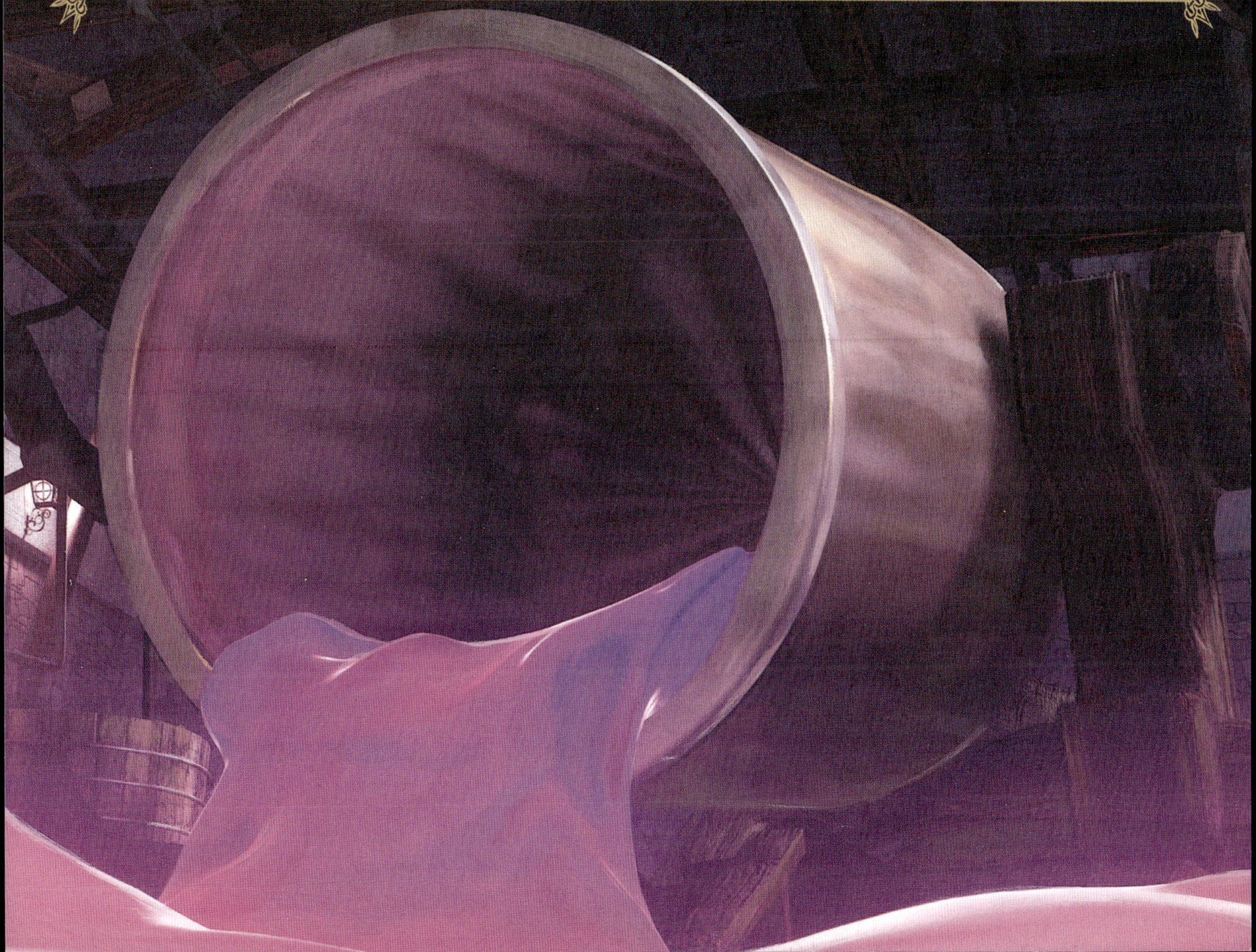

Dans la forêt, Shrek prend la potion. « Heureux Pour Toujours », lit-il. « Force maximum. Pour vous et votre véritable amour. »
« Laissez-moi avaler la première goutte, Patron », propose le Chat. « Je serais très honoré de risquer ma vie pour vous. »
L'Âne pousse le Chat. « Non, non, non! » dit l'Âne. « Si quelqu'un doit servir de cobaye, c'est le rôle du meilleur ami. Donne-moi ce flacon. »
L'Âne attrape le flacon et en avale une grosse gorgée. « AAAh », dit-il en secouant son encolure. Shrek et le Chat le regardent pendant un long moment. « Je ne me sens absolument pas différent », commente l'Âne. « Est-ce que j'ai l'air différent? »
« Peut-être que ça ne marche pas sur les ânes. » Shrek brandit le flacon. « À nous, Fiona! » Il ingurgite le liquide.
Dans le ciel, de gros nuages se rassemblent, un vent froid souffle, le tonnerre gronde… mais rien ne se passe. Excepté le pet que Shrek lâche.
« Peut-être que Fiona et moi ne sommes pas faits pour être heureux », dit tristement Shrek.

Le lendemain matin, Shrek entend une voix féminine et se met debout dans la grange où lui, le Chat et l'Âne ont trouvé refuge. Trois jolies jeunes filles le regardent.
« Je suis Jill. Je vous ai puisé un seau d'eau », dit une des jeunes filles. Shrek prend le seau. Il voit son reflet dans l'eau et se met à crier. « WAOUW! Regardez-moi! »
Il regarde encore. Il est devenu humain. Et il est beau, avec un joli nez, d'épais cheveux ondulés et de larges épaules!
« Hé, est-ce que quelqu'un a vu mon âne? » demande le beau Shrek.
« Qui appelles-tu 'âne'? » crie l'Âne depuis la porte. Shrek se retourne. C'est bien la voix de l'Âne mais elle provient de la bouche d'un noble cheval blanc.
« C'est la potion! Ça a marché! » s'exclame Shrek.
« Señor! » appelle le Chat, qui a lu l'étiquette apposée au dos de la bouteille de potion. « Ça dit, 'Pour rendre les effets de la potion permanents, celui qui la boit doit obtenir, avant minuit, un vrai baiser d'amour. »
« Pourquoi est-ce toujours minuit? » marmonne Shrek. « J'espère vraiment que Fiona aimera le nouveau Shrek. »
Il lève les bras pour montrer sa nouvelle apparence et son pantalon tombe sur ses chevilles.
« D'abord, dit l'Âne, nous allons te trouver de nouveaux vêtements. »
Ils tendent donc une embuscade à deux nobles croisés en chemin et leur prennent leurs vêtements, pour habiller le nouveau Shrek.

La potion a eu un effet sur Fiona également. Le même matin elle se réveille, va à l'évier et se lave le visage. Elle se sèche avec une serviette et se regarde dans le miroir: splendide!
Elle pousse un cri.
Approchant du château, Shrek l'entend. « Fiona! » crie-t-il en courant en direction de sa chambre.
Mais quand il entre, il tombe sur Marraine La Bonne Fée.
En un coup de baguette magique, celle-ci fait glisser les meubles devant la porte et Shrek se retrouve bloqué.
Fiona court à l'étage inférieur, appelant Shrek. Dans le hall principal, elle voit Prince Charmant, beau, époustouflant, merveilleux et, bien sûr, charmant.
« Shrek? » demande Fiona, en souriant.
« La potion a changé beaucoup de choses, ment Prince Charmant, mais pas mes sentiments pour toi. »

Du balcon de la chambre, Shrek regarde Fiona et ses parents embrasser Prince Charmant.
« Quel beau couple, n'est-ce pas? » dit Marraine La Bonne Fée.
« Elle a finalement trouvé le prince de ses rêves. Ce que tu ne seras jamais. »
« Je voulais juste la rendre heureuse », dit Shrek, qui sent son nouveau cœur se briser. « C'est tout ce que j'ai toujours voulu. »
« Tu es un ogre », lui rappelle Marraine La Bonne Fée. « Arrête de vivre dans un conte de fées et retourne dans ton marais, à ta place. »
Shrek tourne la tête vers la porte. Peut-être que sa place est dans le marais après tout.

« Voici, les gars », dit l'Affreuse Belle-Sœur en posant les verres sur le comptoir de La Pomme Empoisonnée. Shrek, l'Âne et le Chat Potté sont assis seuls au bar. « Tout ça n'était qu'une erreur », dit tristement Shrek. « Je n'aurais jamais dû délivrer Fiona de cette tour. »

« Je n'arrive pas à croire que tu vas tout simplement t'en aller », dit l'Âne.
« Mais elle est amoureuse de Prince Charmant », soupire Shrek.
« Shrek, tu aimes Fiona », dit l'Âne.
Oui, il l'aime. Mais Shrek est convaincu que Fiona, tout comme ses parents, sera plus heureuse si elle épouse Prince Charmant.

A ce moment-là, la porte de La Pomme Empoisonnée s'ouvre à la volée. C'est le Roi, sous un déguisement. Il ne reconnaît pas le nouveau Shrek. « Je suis ici pour une réunion secrète », dit le Roi discrètement. L'Affreuse Belle-Sœur lui fait un signe en direction d'une pièce dans le fond, gardée par deux hommes de main de Marraine La Bonne Fée. Shrek, l'Âne et le Chat Potté sont curieux. Ils décident de le suivre. Ils se cachent à l'extérieur et écoutent à la fenêtre.

À l’intérieur de la pièce, le Roi explique à Marraine La Bonne Fée et à Prince Charmant que leur plan ne fonctionne pas. Fiona n’est pas amoureuse du Prince. Le Roi pense que le mieux à faire est de renoncer au projet. Mais Marraine La Bonne Fée n’est pas d’accord et rappelle au Roi qu’il doit l’aider, sinon… Soudain, un bruit retentit à l’extérieur. Marraine La Bonne Fée regarde par la fenêtre. Elle reconnaît Shrek et a une idée.
« AUX VOLEURS! Arrêtez-les! » crie-t-elle, sachant que ses gardes vont capturer les intrus.

De retour dans la maison de Shrek, le Loup, le Nain d'Épices, Pinocchio, les Trois Petits Cochons et les Trois Souris Aveugles sont assis et regardent le Miroir Magique, qui diffuse le Bal Royal.

« Je déteste ces spectacles », grommelle le Nain. « Regardons quelque chose d'autre. »

Mais Pinocchio ne veut pas changer de chaîne avant d'avoir vu Shrek et Fiona au bal. Ils doivent attendre la fin des publicités.

« Ce soir dans Chevaliers... », dit l'annonceur.

À l'écran, Shrek, l'Âne et le Chat sont pourchassés par plusieurs chevaliers. « Il est temps pour ces hommes d'acier de donner à ces mammifères écervelés une leçon qu'ils ne sont pas prêts d'oublier! »

Plusieurs chevaliers plaquent Shrek au sol. « Je vous en prie! Je dois parler à Fiona! » crie-t-il. Les chevaliers emportent Shrek, l'Âne et le Chat Potté dans un panier à salades, referment et verrouillent la porte.

« Je suis son mari! » crie Shrek, mais personne ne l'écoute. Sauf le Loup, le Nain d'Épices, Pinocchio, les Trois Petits Cochons et les Trois Souris Aveugles, qui ont tout entendu.

Shrek, l'Âne et le Chat sont enchaînés au mur d'une cellule de prison.
« Depuis combien de temps sommes-nous ici? Je n'en peux plus! Il faut que je sorte d'ici! » crie l'Âne.
« L'Âne, tu as le droit de garder le silence », dit Shrek.
« Et le plus tôt sera le mieux, ajoute le Chat, avant que je devienne totalement fou. »
« Hé! » crie une voix venue d'au-dessus. Ils lèvent les yeux et voient Pinocchio et le Nain qui les regardent à travers une grille du plafond.
« Nous sommes venus pour vous faire sortir! »
BOUM! Le verrou de la grille du plafond saute. Les Trois Petits Cochons descendent Pinocchio par ses ficelles de marionnette. Mais Pinocchio n'arrive pas à la bonne hauteur.
« Vite! Dis un mensonge », lance le Nain en glissant le long du nez.
« Je ne peux pas mentir », répond Pinocchio. C'est un mensonge, bien sûr, et son nez s'allonge, rapprochant le Nain de Shrek, au point qu'il peut attraper les menottes de Shrek et les détacher.
« Maintenant, nous pouvons prendre le château d'assaut et délivrer la belle princesse! » proclame le Chat Potté.
« Le Nain, sais-tu toujours où habite Muffin Man? » demande Shrek.
« Bien sûr! Au bas de Drury Lane », répond le Nain d'Épices. « Pourquoi? »
« Nous allons avoir besoin de farine. De beaucoup de farine », dit Shrek.

« Mesdames et Messieurs, je vous présente Princesse Fiona et son nouvel époux, Shrek! » Fiona et Prince Charmant ouvrent le bal. Alors qu'ils descendent les marches, Prince Charmant fait signe à la foule.

« Qu'est-ce que tu fais? » demande Fiona.

« Je joue juste mon rôle, Fiona. Le peuple aime qu'on lui fasse des signes. Tu as l'air radieuse, chérie. » Il se penche pour l'embrasser.

« Tu as mis du brillant à lèvres? » demande Fiona.

« Oui, parfum cerise. »

Fiona secoue sa tête de dégoût lorsqu'ils atteignent la dernière marche.

La foule se met à chanter: « Dansez... Dansez... Dansez... »

Prince Charmant regarde Fiona et lui prend la main. Elle ne peut pas dire non.

« Depuis quand est-ce que tu danses? » demande Fiona.

« L'amour est plein de surprises », répond Prince Charmant.

BOUM BOUM BOUM.

Des bruits de pas géants s'approchent du château. Un nain d'épices géant franchit les collines. Shrek se tient sur les épaules du biscuit géant, l'Âne et le Chat courent derrière.

« Allons-y, Mongo! » crie Shrek au biscuit géant.

Tandis qu'ils s'approchent du château, une boule de feu hurlante vole en direction de Mongo. Les gardes attaquent Mongo avec des catapultes et des boules de feu.

Une boule de feu atteint Mongo, détachant un de ses boutons en gomme. Ça le rend fou! Il lance le bouton, le renvoyant au-dessus des murs du château. BOUM! Il détruit les catapultes! Arrivé à l'entrée du château, Mongo commence à forcer les portes. Il tire, tire, tire, de toutes ses forces de biscuit géant et les portes commencent à s'ouvrir. Mais les gardes ont une arme secrète. Ils versent du lait dans un chaudron très chaud et jettent le liquide bouillant sur le nain d'épices géant. Le bras de Mongo se casse et reste coincé entre les portes.

Le géant en biscuit tombe en arrière dans les douves, tandis que Shrek se faufile à travers la fente des portes.

Quelques secondes plus tard, le pont-levis s'abaisse. L'Âne, le Chat, le Nain et les autres créatures de contes de fées se précipitent.

«Eloigne-toi de ma femme! » ordonne Shrek à Prince Charmant en rentrant dans la salle de bal.
Fiona n'en revient pas. Shrek? Mais alors, avec qui est-elle en train de danser?
Marraine La Bonne Fée est furieuse. Elle prend sa baguette magique et vise Shrek, mais les créatures féeriques passent à l'action. Un des Trois Petits Cochons se rue sur Marraine La Bonne Fée pendant que Pinocchio s'empare de sa baguette. Mais un sort le change en vrai petit garçon et il lâche la baguette magique.
Un des cochons saisit la baguette et la jette à l'Âne. Marraine La Bonne Fée court après lui. L'Âne passe la baguette au Nain qui la lance aux Trois Souris Aveugles. Elles la manquent. Un sortilège retransforme Pinocchio en marionnette.
La baguette magique tombe sur le sol, mais avant que Marraine La Bonne Fée puisse l'attraper, le Chat Potté la fait voler dans les airs avec son épée et l'attrape.
A présent, Marraine La Bonne Fée est folle de rage. Elle allonge la main. La baguette magique s'agite dans tous les sens puis revient vers elle.
« Tu ne pouvais pas simplement retourner dans ton marais », siffle-t-elle à Shrek.
Marraine La Bonne Fée rassemble tous ses pouvoirs. Un éclair de magie sort de la baguette. Shrek pousse Fiona, pour prendre le sort à sa place. Mais le Roi se rue devant lui.
Le sort se heurte à son armure scintillante et rebondit sur Marraine La Bonne Fée qui explose! Tout ce qui reste d'elle, ce sont ses lunettes.

Une petite grenouille bondit de la couronne du Roi. « Croâââ », croasse-t-elle.
« Fiona, dit la grenouille, j'aurais espéré que tu ne me verrais jamais comme ça! »
« Mec, il t'en a fait voir de toutes les couleurs! » se moque l'Âne.
« Je voulais simplement être le meilleur pour Fiona », dit le Roi. Il regarde Shrek et sa fille. « Mais je peux voir que c'est déjà fait. »
Shrek incline la tête. Tout est pardonné.
L'horloge du château se met à sonner. Minuit.
« Minuit? » réalise Shrek. « Fiona, embrasse-moi maintenant et nous resterons comme ça pour toujours! »

Fiona sourit. « Je suis heureuse avec l'homme que j'ai épousé. Je veux le retrouver. » L'horloge s'arrête. Les douze coups de minuit ont retenti et il n'y a pas eu de baiser. Shrek et Fiona se serrent l'un contre l'autre, ne sachant pas ce qui va arriver ensuite. Leurs corps se mettent à trembler et la transformation s'opère, les changeant à nouveau en ogres.

« Où en étais-je? » dit pensivement Shrek. « Oh oui… » Il se penche sur Fiona et l'embrasse. La foule explose en applaudissements. Redevenu lui-même, l'Âne se précipite vers l'heureux couple. Une énorme fiesta est organisée au château et tous vécurent heureux et très longtemps. Vraiment.